EMPREINTES

Lise Gaboury-Diallo

EMPREINTES

Les Éditions du Blé

Nous remercions le Conseil des arts du Canada et le Conseil des arts du Manitoba de l'aide accordée à notre programme de publication.

Nous reconnaissons l'appui financier de la Direction des arts de Sports, Culture et Patrimoine de la province du Manitoba.

Maquette de couverture : Urbanink
Illustration de la couverture : Anna Binta Diallo
Mise en pages : Urbanink

Les Éditions du Blé
340, boulevard Provencher
Saint-Boniface (Manitoba) R2H 0G7
ble.avoslivres.ca

Distribution en librairie :
Diffusion Dimedia, St-Laurent (Québec)

Catalogage avant publication de Bibliothèque et Archives Canada

Gaboury-Diallo, Lise, 1957-, auteur
    Empreintes / Lise Gaboury-Diallo.

Poèmes.
Publié en formats imprimé(s) et électronique(s).
ISBN 978-2-924378-53-3 (couverture souple).--ISBN 978-2-924378-54-0 (PDF).--ISBN 978-2-924378-57-1 (EPUB)

    I. Titre.
PS8563.A253152E47 2017   C841'.54   C2017-901788-8
                                                    C2017-901789-6

© 2017 – Les Éditions du Blé et Lise Gaboury-Diallo
Tous droits de reproduction, traduction et adaptation réservés pour tous pays.

pour toi
ces traces défilant
légères sur la surface de l'éternité

pour moi
tes empreintes parfaites
gravées dans mon bonheur

**MON SANCTUAIRE
ORNITHOLOGIQUE**

1. MOINEAUX

ils ne se parlent presque plus
pas souvent
ce vieux couple fripé
fatigué
d'un ennui cyclique
et d'une rouille du temps
friable comme les os

ils ne se regardent pas souvent
ne se voient pas vraiment non plus
ils communiquent en hochant
leur crâne fragile
aux joues flasques sur un cou
comme ratatiné
usé par l'entêtement
de plus en plus inutile maintenant

ils se touchent
accidentellement à l'occasion
ici sur le banc ils se frôlent
inconscients
des zones érogènes d'autrefois
les paumes lisses et la peau des mains
ondulée de veines bleues
tachée de rousseurs ridées

sur ce fil de la vie truquée
ils dansent soudés ensemble
tranquilles
dans leur équilibre délicat
transparence muette
de l'effort de vivre qui les lasse
ils se devinent des complots
pour survivre
sourds comme un tambour troué

leur cœur résonne pourtant
et de loin je dirais
qu'ils se sont beaucoup
longtemps
et même jusqu'à présent
aimés

2. PIGEON

debout sur le quai
avec son bec sous l'aile
le pigeon dort

inconscience immobile
en attente
du sifflet du départ

qui appelle
tout le monde à bord
qui le réveille

il cherche des yeux
la faille du toit rond
d'une fuite rêvée

3. HIRONDELLE

l'enfant nichée
dans le panier métallique
du chariot
suce une douceur invisible
et ses joues
se gonflent
se creusent
suivant la cadence
du sucre fondant
comme l'instant

les yeux de la fillette
me fixent
distraction oisive
elle me toise
le berlingot doré
poussé par sa langue
roule sur ses lèvres givrées
mon cœur saute
sa chamade de connivence
jouer à l'œillade coucou
elle sourit
bécot mielleux
du bisou imaginé
petit clin d'œil
de bonheur partagé puis

telle l'hirondelle
vite envolé

elle s'éloigne
je braque
mon regard
sur le vide

4. HIBOU

un hibou tout blanc
hérissé de plumes
et de duvet
surveille le parc du haut
d'un arbre enneigé comme lui
sa tête pivote
revient en accéléré
départ abrupt

seule la poudreuse qui tombe
de sa branche
traverse l'ombre
l'envergure déployée
de son élan s'ouvre
comme les ailes d'une furieuse envie
de partir

5. FLAMANTS

les deux courent
sur le tissu gris du ciment
leurs fermetures éclairs zébrant
l'ombre qui se dévêt
et s'allonge

ils se bousculent
se pourchassent
leurs rires clochettes
tintent et irradient
dans le clair-obscur

stoppés
dans leur vol tapageur
leur confiance frémit
tombe le tulle de panique
invisible l'ennemi se dresse au guet

6. PAONS

deux frères
de vrais jumeaux
effet miroir
ils s'amènent encore
leur grivoiserie
pareille comme ivresse
fleurit volage
leur grivèlerie
les séduit
ils font la ronde
de roues bouclées
froissent la nuit
miroitement irisé
caracolant de jeunesse
effet mémoire déjà vu
grêles paons mâtinés
de faucon raté

7. GEAIS

songes bleu-noir
de geais
bruyants de fourberie
cauchemars charognards
qui déchiquètent
l'œuf du matin

rêves de croquemorts
nos voleurs d'âmes
qui braillent leurs nocturnes
du néant
nos oiseaux debout
sur la conscience du malheur

leur avertissement grince
caquetant fort
les rois corbeaux et corneilles
du carnage qui renait encore
superbes phénix cendrés
noirs de jais
couronnés de la haine
de notre ère

8. KILDIRS

convoi sur la brume
du matin
qui s'effiloche
portant les pluviers kildirs
leurs cris au loin
percent l'autre sphère
presque parfaite
de l'au-delà

appelés
nos anges
partent un à un
avant la fin
avant d'être prêts
ils s'échappent doucement d'ici
une seule fois

trop nombreux
entourés de froid indicible
depuis une saison
ces disparus
migrent vers l'inconnu
perçant le ciel de notre cœur

envoutement
chaque oiseau sème
dans son sillage
sa litanie en partance
kildir kildir kildir

s'effacent alors un instant
la lune et le soleil
avant que ne s'élève
l'âme de l'aube fraiche

9. PASSEREAU

menu corps patient
souffrant parfois
du dos ou des reins
atteint depuis toujours
à la foi et à l'innocence

de ta gorge rossignol
de ta voix roitelet
jaillit une sérénade qui berce
tous ces aller-retour
détours insolites
comme l'avenir

je te reconnais
passereau
oiseau passager
comme moi
quelquefois stoppé
par le fil
par la trame
par la foule
par les chaines
par le dur métier de vivre
étranglé contre mon gré
par l'imprévu
lourd et insoutenable

10. HUARDS

décollage élégant
dans le battement au ralenti
de la volonté étirée
émersion en diagonale vers
ces profondes hauteurs
reflétées sur le lac
alors que sur l'eau
un instant seulement
s'agite une trainée miroitante
de vaguelettes incertaines
les traces liquides d'où
il s'est enfin libéré

puis du sommet
de ce gris ouaté
tombe un plongeon ailé
la voix du huard
son inimitable
s'insinue partout
entre les nuages en fuite
en orbite en suspens
il se promet à l'autre
qui le rejoint
le couple lié à vie
volubile dans sa grâce
patine maintenant
sur la scène magistrale
de leur règne

BABIOLES DE FÊTE

1. FRIANDISES

tes douceurs
comme une surprise
m'attirent encore
ces friandises oscillent
devant mes yeux
toi avec tes tours de passepasse
et ta danse chaloupée
que caches-tu maintenant
derrière ton sourire mi-clos
une raillerie piquante ou deux
tu balances tes mensonges à paillettes
coquette séduction sucrée
too sweet
tout de suite

2. CANDI

mâchouiller à travers le cellophane
le candi reluisant
emballé trop bien finalement
finalement libérée
la ronde douceur
une bouchée
léchée lapée
la langue roulée déroulée
autour des étourderies
de l'enfance bariolées rose bonbon
chatouillant la paroi des joues
j'oublie que tu m'as roulée
blessée
je languis pour des moments fondants
thé et madeleine
ou une confiserie sur bâtonnet
je confonds toujours
est-ce suçon ou sucette
la nuance
comme une vieille métaphore
compte parfois
mes souvenirs franchissent
le seuil paradoxal des rêves
trop poisseux
ils s'accrochent à tous les plis pelucheux
des poches sombres

où je retrouve
ces vagues réminiscences
au gout doucereux
de sève d'érable

3. CALISSONS D'AIX

je ne prie plus avec
ces larrons en foi
ceux qui démeublent
et démantèlent tout
même le ciel
s'accaparant toutes les vierges
de leur imagination

pourtant ces fripons
criblés des dettes
de l'amertume
et du désespoir
polissent encore leurs
badges et cocardes
de gangs choisis

je ne leur offre plus mes calissons d'Aix
pâte d'amande douce
cible molle
sous leurs langues sales
ils réinventent les fulgurances
du passé
pourtant partagé

4. GÂTERIES

même la moindre
suggestion de gâteries
allume des lucioles étourdies
qui se posent
puis brulent
à travers la sueur
de nos soirées coulant
absinthe et peau liquide
qui ondoient
tu me laisses
dégonflée
comme le fantôme
pique-piqué
mon égo perforé
comme un ballon fripé
qui git au fond
d'un sac de butin vide

5. INVITATION

le pire scénario
avec son trop-plein
de cruauté
ce sont ces silences
ou ces quelques mots
de la bouche
noire comme la réglisse
déversés en vrac
tu n'es pas invitée
à la fête
jamais conviée
tu es celle pour qui
il n'y a plus
de cadeau souvenir
jamais de petit carton d'espoir
où on a gravé
ton nom
où on te prie
de venir te joindre
à nous
pour saisir le graal sacré
du cadeau surprise

6. BABIOLES DE FÊTE

babioles de fête
confetti et rubans
joie froufroutante
d'une vie soupçon pastel

lentement la déception suspendue
le mal amorti
une tapisserie enluminée
de chimères en liesse

7. BRINGUES

j'essaie mais
je n'oublie pas
les collisions caléidoscopiques entre
toi et moi
nos spectacles éblouissants
myriades délices

cocktails mousseux
à la menthe
caramels carambars suaves et
nougatines avalés
dans ces bringues de miel
où le cœur s'effrite

je pars maintenant
mon boa de plumes fuchsia jeté
pas par terre
où il disparaitrait écrasé
mais là-bas dans le bac
des célébrations recyclées

ma tiare lancée aussi
avec quelques
petites étoiles et lunes brisées
et d'autres symboles
en chocolat fondant
sois mon valentin

nos bombances
comme les feux d'artifice
prises avec joie
explosent
avec l'étincelle d'un autre
encore

MES BIGARRÉS

1. ANGES

le cerveau à jamais déjanté
par la ferraille de voitures
l'accident de la scalpée
l'a décapitée de ses mots

ai-je le droit de parler d'elle ainsi
je ne la connais pas

invisible sous les tremblements naissants
cette lenteur à tout dénouer
l'accident du cordon ombilical
étrangle le gosier de son souffle

ai-je le droit aussi de tricoter
ces filons qui me font peur

ces soupirs affalés glissent vers moi
sur une chaise aux grandes roues
l'accident du précipice
monte du fond de la gorge

ai-je le droit d'en vouloir aussi
au gel enneigé du hasard

tu es comme l'ombre d'une panthère noire
si peu docile et si belle
l'accident des chromosomes
suspend la motricité facile

ai-je le droit de penser qu'il ne faut
rien demander ni rien corriger

l'accidenté de l'accident incongru
qui embrouille vos attentes
qui tournent vite
puis pas du tout

mais vous avez le droit d'être
aussi d'être aimé

2. c'est selon

je suis habillé
de patience
vêtu pour décoder
le contact désaxé
entre présence
et absence

je suis là
sans voix

je suis pris
captif dans la marge
de la normalité
arrivé tout croche
entre inconscience
et fabulation

je suis ici
sans choix

les appareils retiennent
cette forme imposée
informe dans une pose
mon inconditionnel imparfait
ma peau
mes os

ce squelette de chair
ce moi fait d'air

collé contre mon âme
écrasé à l'encontre
de ce présent qui lutte contre
mon existence
qui m'opprime parfois

ces boutades
sur le handicap roulent avec moi

ces jeux qui taquinent
mal et dur
me coincent entre la rage
et l'incompréhension

un effort je ne suis
qu'un effort

pour survivre à ces images
contrefaçonnées
de moi
incomplet selon vous
et toute votre science

si le corps est imparfait
l'esprit l'est-il aussi
si seulement
si j'étais

si je pouvais
mais c'est selon
si lent si long ce silence
le vôtre

je suis nu
sous ma patience
toujours ici à décoder
votre incapacité
de me reconnaitre

3. INSTANT TANNÉ

dans l'aube léthargique
des nuages paresseux brouillent
mon café au lait
je me refroidis

le vent lunatique
chasse les libellules
emportées par les derviches
indécis

l'orage de vagues à l'âme
ballotements inefficaces
mes pensées de toupie
des vertiges qui m'envahissent

sur le granit noir
la pluie trace son graffiti
sculpte le temps austère
de mon ennui statique

4. CHROMOSOMES CONFONDUS

le soleil ronronne
pelotonné au fond
d'un songe éthéré
une toile mémorielle
vacille langoureuse
départs et arrivées se confondent
comme les lignes généalogiques

l'enfant fou-la-la
qui pousse
me ravit
chute dans le labyrinthe d'Alice
et de la fée Carabosse
qui manigance
toute la complexité
des jours d'orage
grande grisaille feutrée
qui s'évanouit toujours
mon petit printemps avance
soleil orange m'emporte
ailleurs

de toi à moi
ces fantaisies de naissance
toujours renouvelées
comme la chaleur
d'une vie de poésie
diaprée remplie de
grands petits riens

5. POPO SLOOK

qu'est-ce qu'ils veulent dire
ces mots étranges
qui tachent le mur
de leur blancheur approximative

des lettres collées sur le ciment
comme moi
sur le trottoir
ratatiné dans mon coin de béton

affalé sur le dos je vois
ces signes cabalistiques
sont-ils pour moi
je cherche à comprendre

est-ce que ça veut dire mendiant
je suis un mendiant
un pauvre type
ça veut peut-être dire pépère saoul ou clopinard
je suis un vieux soulon
un vaurien toujours plombé
je règle ainsi mes différends
avec mon sommeil
popo slook

ces mots bizarres veulent prédire
sans doute un autre mystère
comme moi loque humaine
sans-abri drogué malade mental

peut-être le popo de *Police Officer*
en slang
bang ils viennent me prendre
sans déférence
me jettent ailleurs

est-ce *popo* de fesses
de *bum* de clochard
je me moi
trois petits tours puis m'en vais

et le *slook* d'alambic
I'll drink to that
santé *chinchin slokkie op*
un verre de trop
slook slook look
regarde-moi
bourré torché vif
encore une vie en contrebande

différant d'autrui
pour avoir choisi ou pas
ma différence
fatigué de mon état
à plat mort-vif
pauvre vif-mort
moi étalé incompris
mon âme *graffiti* si
si *popo slook*

6. TOUTES

toute femme
simple comme notre mère
en faïence fragile
fleurit sous mon regard
sa peau retrace mille passés

chacune une couleur
une douleur mal cachée
de rose pervenche ou bleutée d'indigo
elle renait évanescence diaphane
du souvenir gravé dans le ventre

ses mains vides ou remplies
tiennent toujours entre leurs paumes
notre hantise de violence potentielle
elle nous appartient
nous lui appartenons

comme le fils ruisseau
s'enracine
devient souche
comme la fille court
branche de l'arbre
d'une rivière de deux rives
mère des terres
à qui on arrache encore l'avenir
qui s'effrite comme sable
sec et sourd

7. AU FOND

je n'ai rien à dire
rien à écrire
la tête est vide, vidée
trouée sans fond
l'écho même s'y perd

je n'ai rien à vous montrer
rien à prouver
les mains blanches, sales
ratatinées ou sèches
les paumes ouvertes
n'arrêtent pas le temps

je n'ai rien à crier
je n'entends plus personne
ni mon cœur
tout est sourd, muet
aveugle, infirme et cramponné
dans mon incapacité d'être

je ne dis pas un mot
ne regarde ni à droite
ni à gauche, ni en haut, ni en bas
ni nulle part du tout
ni au fond de quoi que ce soit
je ne rêve pas maintenant
non plus

8. LUCIOLES

éclairs minuscules
brefs blancs
palpitants
qui brillent un instant

après une longue absence
tu me manques toujours
entre les cils
tu es désir
souvenir d'un rêve
succinct et discontinu
une attente successive

je ne vacille jamais
j'entre toujours dans notre
épiphanie
inouïe comme la joie
et les stèles se dressent
comme les bornes
qui cadrent ta présence
je te vois et même devant moi
je sens la prémonition venir
me déchirer
tu risques toujours
de me manquer

sans toi
ma dissolution est possible
complète

blessure de la cinglante lueur itinérante
d'étrangeté
cul-de-sac éblouissant
aucun recours contre le retour
cyclique de l'ombre
prévisible et équivoque
tu irais où sans moi

parfaites ces foudres de lumière
zigzaguant
suspendues dans l'éternité
éphémères de la nuit

9. NOS DÉCORS

les distances habitées
s'arriment aux objets
s'incrustent aux interstices
des filons invisibles
de notre parcours
chacun s'agrippe
à l'ordre coutumier
des banalités
on ne les voit qu'en tirant
sur l'ombre issue du vide
contenu dans notre désespoir
alors qu'on grimpe les rampes
exigües de la conscience
pour toucher
le lisse
ici
le poreux
maintenant
le sablonneux
ça
le granuleux matériau
des moi
en contact
ou en désunion

je l'habite pourtant
cette distance
j'appartiens à autrui
me déleste des choses
m'installe avec toi
dans toute reproduction
de nos décors
repeints
souvent bigarrés
cet espace
liminaire
où on est parfois
mis à l'écart

10. BRUINE

fêlures d'embrasures éclatées
un savoir toujours inabouti
efflanqué par un pouvoir d'agir
vétuste ou suranné

seul notre flair de respirer
nous met sur le seuil
de la raison
et les embruns envahissent
la rive de l'incompréhension
cachent la forme précise
de l'inconnu

la brume en gouttes
qui éclatent en petits riens
à insérer ici et là
recouvrent la terre au-delà
du sens jamais franchi

1. gel

le paradoxe de la vie
exister
quand le rêve
s'immisce au quotidien (qui l'a dit ?)
dire peu en tant de silences
dire trop peu trop souvent
et le vide se désemplit
comme un trou noir au cœur
une personne n'attend pas
sa propre intrigue (qui le dit ?)
un manque de conscience et de prise
d'action
gelé sur ses propres contre-empreintes

2. CINQ MOUCHES À LIMOGES

sous le plafonnier elles valsent
sans musique sauf la leur
l'air ne bouge pas ici
pourtant elles spiralent
en sens navrant toujours
portées sur le silence
des faibles contrecourants de l'univers

je suis aux premières loges
et le crépuscule dense
efface l'avancée de l'heure
ma vue appauvrie
ne suit que leurs longues escarmouches

futiles mais si vives
si vives
cinq mouches me taquinent
m'agressent me salissent
me rappellent qu'on vit encore
leur bourdon sibyllin
irrévérencieux
une mélodie irritante
qui m'hypnotise

ma volonté vaincue
comme à rebours
soupire moins zélée
j'abandonne la partie
de celle qui chasse
laissons-les s'affairer

mes étincelles fusent
s'éteignent brisées
telle une fine porcelaine
dans le marasme noir
de l'inertie
qui me confond

3. MURS

cette culture média-mondiale
absorbée en surplus
celle qui nous promet tout
celle qui
en sus
permet tout
elle nous enveloppe comme l'oxygène
qu'on avale goulument
pour court-circuiter
les frontières
les replis sur soi
on parle alors de souchitude
de la valise de sa mère
des bagages du père
nous ne sommes pas une minorité
mais une antiminoritude
dont le remembrement est possible
on se donne une audience pour se dire
que nous sommes là
bien arrivés peu importe comment
par effraction
par démantèlement
par urgence
par la plus petite issue
mais coïncidémence
cette culture ambiante de l'illusion

clame aussi bien fort
tout bas ou en sourdine
que vous
surtout vous
qui êtes amputés de vos origines
vous n'y êtes pas
mais pas du tout
vous serez toujours de l'autre côté
du mur construit
depuis toujours

4. PLUIES

bleu devant
et derrière
la peau translucide
du ventre chamarré
du ciel coupé de vagues
de crépuscule ou d'aube

nuages voiliers
sur la conscience
vaporeuse de mes soupirs
d'autres vents
venus d'autres temps
glissent et s'agitent

déferlantes impeccables
dans leur implacable
translucidité là-haut frôlant
le bleu pâle ou profond comme la nuit
rempli d'infini

le poids des nuages
m'écrasent aujourd'hui
leurs grisailles lourdes s'entrechoquent
dans ma tête vide
assourdie de pluies
invisibles mais attendues

5. BASCULE

mon existence s'angoisse-t-elle
d'être ou de ne jamais
devenir
ne jamais se dire
voilà la cible cœur nodal
ma mémoire dépouillée de l'origine
je raconte une enquête sans issue
dans une langue de l'appartenance intimée
ce poids du contexte appréhendé
je joue le jeux des imitations

en présence toujours
d'une censure qui interagit avec autrui
lasse je me sens propulsée vers l'involontaire
réminiscence d'un passé
quand je parlais sans réfléchir

ma langue malmenée
souffrant d'une invasion inventée
ou réelle
voici le risque patent de ma propension
à m'effacer dans le basculement
du silence saccagé par ma déprise
d'une langue à moi bricolée
instable variable elle échoue comme
mes mots fissiles remplis de failles
de jolis coquillages
que je collectionne encore

6. CUMULUS

mes nuages chantilly
saumonés et mauves
s'arquent dans l'étoffe blême de cirrus
accumulés dans les chiffons
stratifiés là-bas
lanières de crépine froissée
ils se perdent à l'horizon
fondant dans leur opacité
ouatée

je m'accroche
à l'insondable envie de flotter
imperceptible dans leur ventre
de mousse s'effilochant
dériver malgré moi
avalée dans l'absence éventuelle
de mes nuages qui s'évaporent
je m'obstine
même si je sais qu'un jour
je ne reviendrai pas

7. RIVIÈRE

ils devraient ployer sous l'histoire
souterraine enfouie sous la glu
je suis navrée de l'extirper ce récit
comme une écharde de bois
crochue qui darde la parole

un appât accroché aux lambeaux
de la ligne d'Ariane
ou qui pend du bec
du corbeau *trickster* mon sosie
smudge my heart inonde tout au passage

je farfouille au plus profond
des accents mêlés ils m'entendront
surgir des grandes eaux boueuses
moi rivière trouble
je brasse les syllabes métissées

navrée par l'embouchure qui m'étrangle
je rugis mon mal de gorge
comme l'orignal *manigotagan*[1]
délits d'un flot sans pareil je sors de la tombe
je leur raconte tout

sur la fourche
de ma langue ancienne
i' s'rappellent-ti   j'cré ben
i' z'oublient pas   pantoute
                         i' vont toujours *tout'* quérir

jusqu'à la vérité embourbée
dans ma glaise ancestrale
je suis debout sur la vague infernale
au temps du pont Mirabeau

je surplombe les arcades de jeux
d'avilie de calomnie de délation
le dos tourné houleux
mon visage frissonnant sous la brume
et les voyageurs qui rament tranquilles

à la recherche de bons ports
ils me voient à peine m'entendent à peine
me comprennent à peine
je rugirai en sourdine avant de glisser
sous leur rame

---

1 Selon le gouvernement manitobain (http://www.gov.mb.ca/sd/lands_branch/geo_names/geonames-french.html), la région à l'embouchure de la rivière Manigotagan porte ce nom parce qu' « un chef autochtone qui campait à l'embouchure de la rivière [...] dit avoir entendu un orignal mugir avec un son de gorge particulier. » Le mot *manigotagan* est lui-même dérivé du saulteaux *Mannuh-Gundahgan* qui veulent dire 'mal de gorge' (http://www.meadequesnel.ca/manigotagan_history.htm).

8. TREMBLEMENT

dans l'immédiat
immédiat
faut agir
ce ressac impossible
à endiguer
nous avale

le sol et les yeux
écarquillés
comme l'épuisement
d'être impuissants
cette houle qui tangue
dans notre terre brisée

yo bare sous lil la ki ape chavire
Ayiti pran yon sèl sekous
li tounen pousyè
potomitan an disparèt
fanm ki te kanpe djanm
pèdi pye
pèp la fè ladènyè [2]

nos âmes moites attendent
sous le soleil
assoiffé
notre regard affamé
sous la lune renversée
déjà croquée de loin

vous nous regardez
nous avons le visage
de la détresse qui hante

on tremble
outragé cassé on répète
que les pires secousses
ne naissent pas de la terre
mais de la panse ventrue
de l'indifférence

―――――――――――

2 otages de l'île qui chavire /Haïti a été secoué fort/ puis écrasé/ le monde a coulé/ le potomitan est parti/ les femmes debout/ sont tombées/ le peuple a tout perdu. L'auteure tient à remercier très sincèrement la professeure Sandra Najac de l'Université de Saint-Boniface qui a traduit le texte d'origine de l'auteure en créole haïtien.

9. SAIS-TU

sais-tu
qu'en sais-tu
le sais-tu
quand c'est le temps
de partir

de t'envoler loin
pour me rejoindre
là où la lumière s'infiltre
toute en obliques
sur le feuillage dense de nos ébats
elle s'évapore
en montées torrides en transes tropicales
nous n'avons que le temps
à porter délicatement
comme une calebasse éthérée
pleine à ras bords
et posée sur notre espoir vaillant

je te le dis simplement
parce que je le sais
je sais
quand c'est le temps de partir
de m'échapper
pour te retrouver

10. TRACES

une évidence à contourner
ma patience irréversible
soudainement figée
je parle d'une crise sans anesthésie
et l'anévrisme te fera ça

tu seras en scission comme
décroché d'une partie
de ton corps devenu maintenant abstrait
on te pansera mal du diagnostique
parfaitement indéniable

je te regarde à moitié
simplement le bon côté où
tu baves du regard
humilié par la vie lancinante
qui te foudroie

comme le perroquet qui bégaie tu dis
tu dis ankylose croissante qui te serre
limbes propres de l'entredeux ici
dans un hospice parmi
les morts ambulants

t'accroches-tu au cinéma fenêtre
au pressentiment épuisant d'une visite peut-être
je ne viendrai pas assez souvent
je le sais pour te désennuyer
du blanc maintenant

11. EMPREINTES

une simplicité à évacuer
patiemment
cette réalité qu'on doit accepter
à contrecœur
comme toute disparition

elle est partie hier
vers l'avancée suspendue au-dessus du néant
glissant ailleurs elle est tombée sans bruit
me dardant un dernier point
au cœur

elle nous laisse
non pas le vide
mais tout son contraire
brulant et sauvage
tel un pincement aigu à la conscience

il y a longtemps qu'elle perd les filons
ses oublis vibrant de plus en plus
sa mémoire envolée vers quoi
le saurai-je jamais
elle brille dans son essence entière

elle s'est défaite à son insu
du temps réel
mais le regard au fond de ses grandes pupilles
me rappelle toujours la simplicité
d'aimer et de rire

12. PRIÈRE D'INFÉRER

ma fascination de mots
comme nautonière
pour voguer sur l'océan
ou stéréotypie
quand je veux me conformer
toujours
mon attraction aux mystères
qu'évoquent ménestrel
ou mouise ou vagabondages
ils suggèrent et séduisent
par calligraphie
sans doute
mais mon penchant à inventer
des termes tels décliver
ou chamader
s'oppose parfois
à ma hantise de la parole
parfois
celle qui me revient
qui me retourne l'esprit
mon jeu de mal communiquer
mon errance voyelleuse
et consonantique
quelquefois
j'hésite puis avance
simple facétie factice et complexe
raconter pour me couler
du côté de la lumière truculente

me verser dans le temps
souvent
je sais que mon advenir
reste entravé
je sais que je mène une existence de songe
je sais que je module mon règne
sur des strophes recherchées
encore
je joue impunément avec
les césures
avec l'espoir de revoir tout
surtout la permutation
de l'existence
depuis toujours
nous sommes d'éternels
fiduciaires du Verbe
nous sommes tous tutélaires
de nos cauchemars
diphasés
et maintenant
je m'isole me projette inexorablement
dans ce recueillement de l'éveil
je récite au ralenti mes versets
prière d'inférer
le meilleur en nous

MON SANCTUAIRE ORNITHOLOGIQUE — PAGE 11

1. MOINEAUX
2. PIGEON
3. HIRONDELLE
4. HIBOU
5. FLAMANTS
6. PAONS
7. GEAIS
8. KILDIRS
9. PASSEREAU
10. HUARDS

BABIOLES DE FÊTE — PAGE 27

1. FRIANDISES
2. CANDI
3. CALISSONS D'AIX
4. GÂTERIES
5. INVITATION
6. BABIOLES DE FÊTE
7. BRINGUES

MES BIGARRÉS — PAGE 39

1. ANGES
2. C'EST SELON
3. INSTANT TANNÉ
4. CHROMOSOMES CONFONDUS
5. *POPO SLOOK*
6. TOUTES
7. AU FOND
8. LUCIOLES
9. NOS DÉCORS
10. BRUINE

EMPREINTES — PAGE 59

1. GEL
2. CINQ MOUCHES À LIMOGES
3. MURS
4. PLUIES
5. BASCULE
6. CUMULUS
7. RIVIÈRE
8. TREMBLEMENT
9. SAIS-TU
10. TRACES
11. EMPREINTES
12. PRIÈRE D'INFÉRER

www.ingramcontent.com/pod-product-compliance
Lightning Source LLC
LaVergne TN
LVHW020937090426
835512LV00020B/3407